l'allumette
6. LE SUPER-HÉROS

Québec
Crédit d'impôt livres
Gestion SODEC

Gouvernement du Québec – Programme de crédit d'impôt
pour l'édition de livres – Gestion Sodec

info@lesmalins.ca

Éditeur : Marc-André Audet
Éditrice au contenu : Katherine Mossalim
Éditrice adjointe : Marianne Dunberry
Auteure : Marie Potvin
Directrice artistique : Shirley de Susini
Conception graphique : Shirley de Susini
Mise en page : Diane Marquette
Illustratrice : BACH illustrations
Correcteurs : Corinne De Vailly, Fanny Fennec, Jean Boilard

Dépôt légal – Bibliothèque et Archives nationales du Québec, 2018
Dépôt légal – Bibliothèque et Archives Canada, 2018

ISBN : 978-2-89657-662-3

Imprimé au Canada

Les éditions les Malins inc.
Montréal (Québec)

Financé par le gouvernement du Canada | Canada

ASSOCIATION NATIONALE DES ÉDITEURS DE LIVRES

Pour toutes les filles qui,
comme Gervette, rêvent d'évasion.

Table des matières :

Chapitre 1

Le jambon moisi

— Vous croyez aller où, comme ça, les enfants ? susurre notre ennemie d'une voix suave.

— Crotte de vautour ! Nous sommes cuits !

La porte magique n'a pas fonctionné. Sommes-nous donc réellement captifs du passé pour toujours ? Cette seule pensée me fait frissonner d'horreur, surtout que nous sommes en bien mauvaise posture. S'il y a quelque chose qui m'effraie, c'est bien de finir dans une école de réforme de 1903 sans pouvoir en sortir. Je l'imagine avec des barreaux aux fenêtres, des lits avec des ressorts qui vous rentrent dans le dos et des couvertures pleines de bibittes qui vous piquent les bras et les jambes. Sans parler du gruau gris qui goûte l'eau et de la religieuse acariâtre qui fouette les enfants avec une longue règle de bois (j'ai déjà vu ça dans un film, ça m'a fait faire des cauchemars durant des semaines) !

chapitre 1

— Cléo... qu'est-ce... qu'on fait ? bafouille Baptiste d'un ton paniqué.

Rien qu'à la terreur dans sa voix, je suis convaincue que Baptiste a imaginé la même chose que moi. Des coquerelles, de gros cadenas rouillés, des douches d'eau glacée... Au secours !

— Courons ! s'exclame Cléo en s'élançant vers la gauche, là où le champ est libre.

Baptiste lui emboîte le pas, et je les talonne sans hésiter une seconde de plus. Cléo va si vite que je le perds de vue rapidement. Une chance que Baptiste court devant moi, sinon je ne saurais pas dans quelle direction je dois foncer. Nous filons entre les arbres, dans la forêt qui se

chapitre 1

trouve derrière la maison d'Ange. Dans le futur, c'est-à-dire à mon époque, cette étendue boisée a été en grande partie défrichée pour bâtir des maisons et l'école primaire. Mais en 1903, c'est encore dame Nature qui règne. Cléo semble suivre un sentier que lui seul peut discerner. Nous zigzaguons entre les troncs et les fougères comme des lièvres (ou plutôt, Cléo est le lièvre et moi, la tortue). Je suis touchée de voir que, toutes les cinq secondes, Baptiste me surveille par-dessus son épaule pour s'assurer que je suis encore derrière lui. Qui eût cru que mon persécuteur deviendrait un jour mon protecteur ?

— Venez ! Par ici ! souffle Cléo.

À quelques centaines de mètres derrière nous, des voix étouffées parviennent à mes oreilles. Ce sont les hommes du maire. J'espère que Cléo a une cachette géniale, sinon nous avons un sérieux problème, tous les trois.

Soudain, je me heurte de plein fouet à quelque chose de solide. Le cri de Baptiste m'informe que c'est son dos que je viens de percuter.

— Ouch ! Zoélie ! Regarde où tu vas !

— Excuse-moi, je voulais voir la distance qui nous sépare de nos poursuivants ! Où est Cléo ?

— C'est ça que je me demande, répond Baptiste.

— Il a peut-être brusquement retrouvé ses pouvoirs de fantôme ?

Durant plusieurs minutes, nous nous taisons et restons aux aguets, à l'affût des bruits environnants. Je n'entends presque rien, à part ma respiration rapide. Je ressens les battements de mon cœur qui s'emballe jusque dans mes orteils. Cléo ne donne plus signe de vie !

Je dois le contacter à tout prix avant que nos pourchasseurs ne nous trouvent !

CLÉO, OÙ ES-TU ? (MOI)

AVANCE DROIT DEVANT TOI, ENVIRON DEUX CENTS MÈTRES, ET REGARDE EN L'AIR. (CLÉO)

En l'air ? Crotte de lama, s'est-il donc transformé en oiseau ? Avec Cléo, plus rien ne me surprend. Je lève la tête pour le chercher dans la ramure des grands arbres qui nous entourent. Après avoir balayé la verdure du regard, je finis par le repérer. Cléo est juché sur une grosse branche et me fait des signes de la main.

— Baptiste, il faut grimper ! dis-je en poussant mon ami vers le tronc de l'immense chêne dans lequel Cléo s'est installé.

— Quoi ? fait Baptiste avec impatience.

— Vite, monte ! Ils s'en viennent.

Tels des singes maladroits, nous entamons l'ascension. Mes pauvres doigts, paumes et genoux s'éraflent sur l'écorce rugueuse. J'aurai plusieurs égratignures en souvenir de ce petit périple, ça, c'est sûr.

Lorsque nous atteignons enfin Cléo, je suis surprise de constater que ce n'est pas la première fois qu'il monte ici. Comment je le sais ? Parce que deux sacs ressemblant à de vieilles sacoches de jute sont accrochés aux branches, et que ces poches semblent contenir plusieurs articles.

— Il y a quoi là-dedans ? demande Baptiste en pointant les besaces.

Assis presque confortablement dans le creux entre la branche et le tronc de l'arbre, Cléo hausse les épaules.

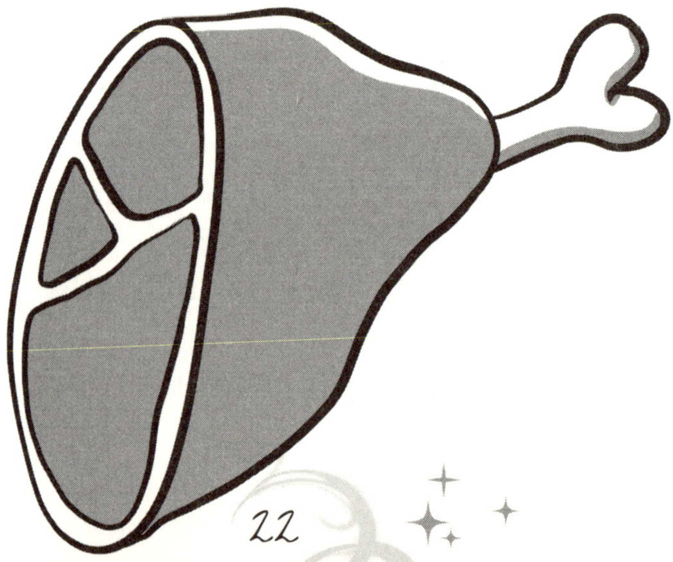

— Pas certain... mais si je me souviens bien, il y a un gros jambon là-dedans.

— Bravo ! On pourra survivre quelques jours comme des enfants-loups, dis-je avec ironie.

L'index sur ses lèvres, Cléo me fait signe de garder le silence. Bouches cousues, nous portons attention aux bruits environnants. C'est étonnamment tranquille.

— Soit ils sont partis dans la mauvaise direction…, suppose Baptiste.

— Soit ils sont silencieux pour mieux nous piéger ! termine Cléo. Ne bougez plus !

Cléo sur la branche la plus haute, Baptiste sur celle en dessous et moi sur la plus basse, la joue collée contre l'écorce du grand chêne, nous attendons, immobiles, que quelque chose se passe.

Le vent fait bruisser les feuilles et nous apercevons un renard passer tout près. Les voix ne se font pas réentendre.

— OK, je pense que le champ est libre, dit Cléo.

Les amis, j'ai quelque chose de nouveau à vous montrer...

— Qu'est-ce que tu veux dire, Cléo ?

— Ceci ! dit-il en se lançant dans le vide après avoir grimpé à une vitesse impressionnante jusqu'à la cime de l'arbre.

— Cléo ! Non !

Chapitre 2

Le super-garçon

— Nooooon ! fait Baptiste avec moi.

Je m'agrippe encore plus fort contre l'arbre qui me sert de refuge, le cœur dans la gorge.

— Ne vous en faites pas ! Je vais bien. Quand j'ai grimpé dans l'arbre avant que vous arriviez, une branche a cédé sous mon poids et je suis tombé. Je croyais que j'allais m'aplatir comme une crêpe, mais je n'avais pas une seule égratignure. Ensuite, curieux de voir ce que j'étais capable de faire après cet exploit, j'ai pris un grand élan et j'ai sauté si haut que j'en ai presque eu le vertige. Encore une fois, je suis retombé solidement sur mes pieds. C'est incroyable, non ?

De sa branche au-dessus de la mienne, Baptiste me regarde en sourcillant.

— Est-ce qu'il se prend pour Spiderman, maintenant ? demande-t-il.

— Ça doit être sa moitié fantôme qui lui donne de tels pouvoirs, dis-je.

— Mais Spiderman avait été piqué par une araignée, il n'était pas un demi-fantôme...

— Qui est Spiderman ? demande Cléo.

— Un super-héros du futur, dis-je.

— C'est quoi un super-héros ? demande Cléo.

— Ce sont des humains avec des pouvoirs très

puissants : par exemple, être très fort, très rapide, pouvoir voler ou disparaître ! lui explique Baptiste.

— C'est incroyable ! Alors, il y a des super-héros dans le futur pour de vrai ? demande Cléo avec fascination.

— Seulement dans les bandes dessinées et les films, explique Baptiste. Pas des vrais de vrais.

— Il faudra que je regarde un film du futur un jour. Avez-vous besoin d'aide pour descendre ? demande Cléo.

— Je pense que oui...

— Moi, je veux manger de ce jambon, répond Baptiste. Il est là depuis quand ?

Cléo se gratte la tête.

— Avant-avant-hier, finit-il par avouer.

— Okééé ! Alors, on oublie le jambon, soupire Baptiste.

— Pourquoi dis-tu ça ? Il est encore bon..., sourcille Cléo. On a juste à ôter les bouts verdâtres...

— Je crois que je vais vomir, se plaint Baptiste.

Leur conversation concernant le jambon caché dans le sac commence à m'agacer sérieusement.

Moi, je veux savoir si Cléo a vraiment des pouvoirs surhumains !

— J'ai besoin d'aide pour descendre !

— OK, Zoélie, ne bouge pas, j'arrive !

D'un bond trop haut pour être normal, Cléo arrive à ma hauteur sans effort. Ses cheveux ainsi que le contour de son visage brillent un peu.

— Montre-moi tes doigts, Cléo.

Il passe une main sous mon regard attentif. Comme ce fut le cas dans la maison d'Ange, le bout de ses doigts luit. C'est la même sorte de chatoiement que lorsqu'il se transformait en boule de lumière.

— Baptiste ! Arrête de penser à manger et regarde

Cléo ! Il brille et il a une agilité surhumaine ! Montre-lui, Cléo !

Notre ami mi-fantôme mi-vivant fait un saut arrière, culbute et atterrit sur ses pieds !

— Wouhou ! Vous avez vu ça ? fait Cléo, lui-même étonné par sa dernière prouesse.

Baptiste et moi échangeons un regard blasé. Nous avons bien vu la même chose et quand bien même il s'agirait d'une performance étonnante, nous sommes désormais habitués à côtoyer l'incroyable, surtout avec Cléo.

— Oui ! Nous avons vu ! Ça veut dire que personne ne pourra t'attraper, affirme Baptiste.

— Exactement ! chantonne Cléo d'un ton vainqueur en tournoyant.

— On dirait un mélange entre Peter Pan et Spiderman, finalement, marmonne Baptiste, toujours perché sur sa branche de chêne.

Oh ! On dirait qu'il est un peu jaloux des nouvelles habiletés de Cléo. Mais je ne le lui dirai pas. Pourquoi le rendre encore plus maussade si je peux l'éviter ?

— Pour la millième fois, peux-tu nous aider à descendre ? fait Baptiste d'une voix impatiente. On dirait bien que les hommes du maire et Malvina ont abandonné les recherches, ou du moins, qu'ils sont allés dans une autre direction.

— Je suis presque déçu ! claironne Cléo. J'aurais pu rigoler à leur tourner autour et à sauter par-dessus leurs têtes !

— Et nous ? On se serait fait capturer facilement ! Allez, arrête de niaiser, dis-je.

Une fois tous les trois sur le plancher des vaches, nous regardons partout autour de nous. Nous avons couru près d'un kilomètre en nous enfonçant dans cette forêt. Cléo semble bien connaître les alentours, si je me fie au fait qu'il garde des provisions dans le grand chêne. C'est la seule chose qui me rassure un peu, parce que là, le soleil commence à se coucher et la noirceur de la nuit nous engloutira rapidement.

— On fait quoi, maintenant ? demande Cléo.

Baptiste et moi sommes découragés par la question de notre ami.

Si LUI ne sait pas quoi faire, alors, comment pourrions-NOUS le savoir ?

Chapitre 3

Un trou dans l'estomac

Nous sommes sortis de la forêt juste à temps pour ne pas nous y faire prendre en pleine noirceur. Parce que s'il y a une chose que j'ai apprise, c'est que la nuit en 1903 est beaucoup plus sombre que la nuit dans le futur. Il n'y a pas de lampadaires dans les rues ni de lumières dans les maisons. Ici, quand il fait noir et que la nuit est sans lune, on ne voit pas le bout de nos souliers. C'est un peu affolant.

Cléo nous a fait prendre un autre chemin entre les grands arbres, alors nous n'aboutissons pas derrière la maison d'Ange qui était notre point de départ. Ne reconnaissant pas l'endroit, je suis complètement désorientée.

— Où sommes-nous ? demande Baptiste qui n'a pas lâché ma main de tout le périple pour sortir du bois.

— Shhh…, fait Cléo. Nous sommes derrière le couvent des bonnes sœurs.

— Tu veux dire des religieuses ?

— Exactement ! acquiesce Cléo. Elles doivent être déjà

couchées. Ne faisons pas de bruit.

— Pas de bruit... pour faire quoi ? demande Baptiste, le front plissé d'angoisse.

— Pour entrer dans leur cuisine. Suivez-moi !

Cléo saisit le bord d'une fenêtre pour l'ouvrir. Lorsque la vitre bouge sans trop d'efforts, le visage de mon ami s'égaie d'un large sourire.

— Batince ! Avant, c'était plus difficile. On dirait que j'ai gagné en force autant qu'en agilité ! C'est vraiment cool, tous ces nouveaux talents, comme vous dites dans le futur !

— Mais pourquoi aller dans leur cuisine ? Ce qu'il nous faut, à cette heure-ci, c'est trouver un endroit où dormir, dis-je avec inquiétude.

— Moi, je suis d'avis que Cléo devrait aller voir ce qu'il y a dans la cuisine des bonnes sœurs, affirme Baptiste.

— Oh, toi ! Tu as toujours faim ! On dirait que tu as un trou dans l'estomac !

— Je sais ! ricane Baptiste. Mais tu as raison, Zoélie. Il fait noir et nous devons trouver où dormir.

— Si on pouvait trouver comment revenir dans le futur, ça serait encore mieux, dis-je en marmonnant à mon tour.

— Je pense que nous avions raison pour la porte magique, c'est par là que nous pourrons retourner dans le futur, dit Cléo. Par contre, ce que je crois, c'est qu'il nous manque un détail pour que ça fonctionne. Il y a une chose précise qu'on a dû oublier de faire.

— Ça peut être n'importe quoi, ce détail ! dis-je en m'énervant. Et maintenant que le maire sait que nous étions chez Ange, il fera surveiller sa maison. Ça sera difficile d'y retourner pour faire d'autres tentatives.

J'ai envie de pleurer de frustration, mais je me retiens. Je ne veux pas inquiéter Baptiste plus qu'il ne l'est déjà.

— Avais-tu d'autres endroits que la chambre froide de la maison d'Ange où dormir, Cléo ?

Ce dernier hoche la tête à ma question.

— Vous n'avez pas idée de tout ce que j'ai dû faire pour survivre quand je me suis enfui de l'orphelinat ! Venez, je vais vous montrer où j'ai passé quelques nuits. Nous reviendrons ici tôt demain matin pour le déjeuner.

Chapitre 4

Cocoricooo !

En plus de sa nouvelle rapidité et de sa capacité à sauter de très haut sans se blesser, il semble que Cléo ait aussi une excellente vue dans le noir, ce qui est utile pour trouver la carriole dont nous nous approchons.

— Monsieur Beauchemin livrera ses carottes demain, dit-il. Il les chargera dans cette toile.

— Nous allons dormir dans des toiles protectrices de carottes ? dis-je en jetant un regard peu convaincu vers le tas de tissus à l'aspect rêche qui se trouve au fond de la carriole.

— Exactement !

— Je préfère mon lit, bougonne Baptiste.

— Ton lit n'existe pas encore, rétorque Cléo. Et puis, en étant dans la carriole, au moins, les moustiques ne nous

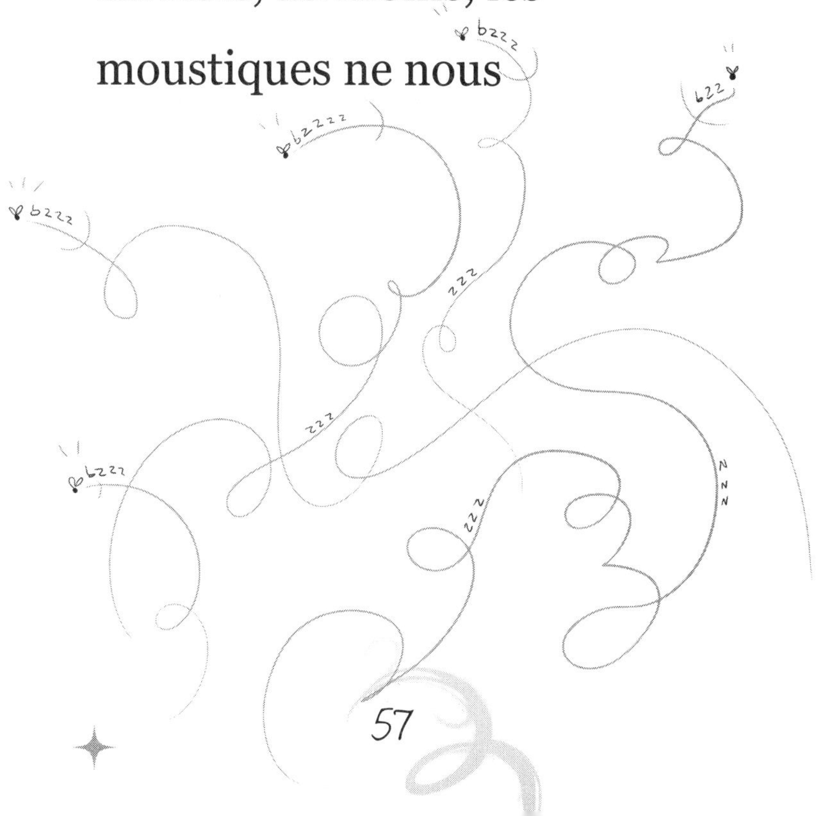

dérangeront pas autant qu'à même la pelouse. Sans parler de la rosée du matin... Ce n'est pas agréable de se réveiller tout trempé.

— OK..., soupire Baptiste. Pas besoin de nous faire une explication de deux heures.

Ce dernier grimpe dans le chariot et me tend la main afin que je le suive. Pour sa part, Cléo se donne un élan et saute. Il retombe gracieusement à mes côtés.

— Peux-tu flotter dans les airs pour dormir ? dis-je en riant. Ça sera plus confortable que ces planches de bois.

— Un jour, j'y arriverai sûrement, répond-il. Les nouvelles habiletés que j'ai découvertes aujourd'hui me suffisent pour le moment.

Pas besoin d'essayer d'imiter les nuages.

Au petit matin, je me réveille coincée entre Baptiste et Cléo qui dorment toujours. La bonne nouvelle, c'est que leurs ronflements ne m'ont pas perturbée de la nuit. J'étais plus fatiguée que je l'avais cru.

Le ciel est encore sombre, si bien que j'assiste au lever

du soleil. Sur le rebord du chariot, un coq vient de se

percher et me détaille comme si j'étais son déjeuner. Lorsque je me souviens que les coqs ne sont pas carnivores, mais bien granivores, et que je ne suis pas un épi de maïs, j'arrive à me calmer.

— Shhh ! Ne chante pas ton cocorico... Je t'en supplie !

Mais le coq blanc, si majestueux, agite ses ailes et comprime son long cou comme pour prendre une grande inspiration. C’est là que je couvre mes oreilles de mes mains en grimaçant.

— COCORICOOOOOO ! fait-il d’une voix si forte que Baptiste sursaute en hurlant.

— Aaaaah ! C’est quoi, ça ? fait-il.

— C'est Georges, le coq de monsieur Beauchemin, dit Cléo qui vient d'ouvrir les yeux. Vite, il faut s'en aller avant de se faire prendre ici !

— Est-ce que ce monsieur Beauchemin fait partie des hommes qui étaient avec le maire Biron hier ?

— C'est son vieil ami. Il était avec lui quand nous sommes sortis de chez Ange.

Alors, oui, répond Cléo. Allez, partons !

Je me relève en défroissant ma robe qui commence à être vraiment maganée. Je ne compte plus les taches et les déchirures qui envahissent le tissu bleu clair. Ai-je dit bleu clair ? Je devrais plutôt dire gris ! J'ai l'air d'une vraie orpheline abandonnée.

Baptiste et Cléo sont déjà descendus du chariot alors que j'hésite à sauter. C'est un peu haut et j'ai peur de me faire mal en tombant. S'il fallait que je me blesse, il n'y aurait pas de salle d'urgence pour m'accueillir. Pire, je me ferais capturer comme un agneau qui doit se rendre à l'abattoir.

Après un roulement d'yeux intense, Cléo me prend dans

ses bras, fait un bond inhumain et retombe sur ses pieds sans m'échapper.

— Wow ! Maintenant, nous sommes comme Superman et Lois Lane !

— Qui est Superman ? me demande-t-il.

— Laisse faire, c'est un autre super-héros.

Cléo me dépose et Baptiste saisit ma main pour

m'entraîner à l'arrière du couvent. Maintenant qu'il fait clair, je constate que les religieuses habitent presque dans la forêt, isolées du reste du monde. Un chemin étroit entre les arbres nous permet d'arriver près du cloître. La maison de monsieur Beauchemin est, quant à elle, située plus près de la rue poussiéreuse. Ils ne sont pas très forts sur l'asphaltage, en 1903. Les rues ressemblent plus à des chemins de terre battue qu'à des routes modernes.

— Restez là ! ordonne Cléo après nous avoir guidés à l'arrière du bâtiment de briques rouges.

— S'il y a des croissants au beurre, j'en prendrai trois, dit Baptiste en se frottant la panse.

— Tu prendras ce que je trouverai, rétorque Cléo. Zoélie, as-tu faim ?

— Oui, mais ne cours pas de risques inutiles.

— Pas de danger ! Surtout que je suis le plus rapide !

Cléo revient à peine quelques minutes plus tard, les mains chargées de crêpes encore chaudes, dégoulinantes de sirop d'érable fraîchement versé.

— Pour l'amour du ciel, Cléo ! As-tu fouillé directement dans leurs assiettes avec tes doigts sales ?

Cléo se force pour ne pas rire.

— Les sœurs avaient toutes les yeux fermés afin de remercier le Bon Dieu pour leur succulent repas. Il n'y avait pas de meilleur moment pour m'emparer de leurs crêpes !

— Tu es abominable, Cléo !

— Miam ! fait Baptiste en déchargeant Cléo des trois crêpes qu'il tenait dans sa main gauche.

— Allez, Zoélie, prends-en au moins une, m'encourage

Cléo en me tendant le contenu de sa main droite.

Je suis un peu dégoûtée par l'offre de mon ami, mais mon ventre crie famine. Du bout des doigts, je saisis la première crêpe en faisant de mon mieux pour ne pas me salir. Je déteste la sensation d'avoir les mains gommées.

Nous mangeons en silence sous les feuilles des grands arbres de la forêt entourant la résidence des sœurs. Si ce n'étaient les mouches noires et les maringouins qui tentent de dévorer notre repas improvisé, nous serions au paradis.

Chapitre 5

L'écureuil, l'ours et la tortue

Cléo nous guide jusqu'à un ruisseau qui traverse la forêt. On dirait une rivière pour les Schtroumpfs tellement le cours d'eau est étroit et peu profond. Nous y trempons nos mains et en profitons pour nous abreuver et laver notre visage. À voir sa limpidité, je suis convaincue que l'eau n'est pas polluée. Elle goûte l'eau de source qu'on achète au dépanneur.

— Nous sommes vraiment en train de devenir des enfants sauvages, déclare Baptiste en essuyant ses mains sur son pantalon troué.

— Calme-toi, ça ne fait qu'une journée que nous

vivons comme des écureuils, fait Cléo en riant.

— Parle pour toi, Cléo. Moi, je suis plutôt une tortue et Baptiste, un ours affamé.

Les deux garçons s'esclaffent de mes comparaisons amusantes, puis Cléo nous fait signe de nous taire. Je n'ai pourtant absolument rien entendu… Est-il possible que notre ami ait également une ouïe plus développée ?

— Ils sont au moins quatre, souffle Cléo. Ils arrivent de différentes directions.

chapitre 5

Baptiste me lance un regard inquiet avant de s'approcher de moi à grandes enjambées.

— OK, dis-nous où aller, Cléo ! demande-t-il d'un ton sérieux.

— Nous devons nous séparer, nous annonce Cléo. C'est la seule façon de les déjouer.

Baptiste entoure mes épaules et secoue la tête.

— Non, Cléo, impossible ! Trouve autre chose !

Cléo me consulte du regard et je devine facilement qu'il souhaite que je convainque Baptiste de suivre ses directives, même si ça ne lui plaît pas.

— Ça va aller, Baptiste. Retrouvons-nous près du

couvent lorsque nous les aurons semés. D'accord ?

Je tente de me détacher de l'étreinte de Baptiste, mais il me serre trop fort.

— Baptiste, sois raisonnable.

— Et toi, sois prudente, d'accord ?

Lorsque j'acquiesce d'un mouvement de la tête, mon ami se détend et me libère.

— Zoélie, cours vers le couvent ! Baptiste, file vers la maison d'Ange et moi... je vais m'enfoncer dans les bois.

— Ne te perds pas, Cléo, dis-je d'une voix tremblotante.

— Aucun danger ! Je peux grimper très haut pour voir où se situe le village si jamais je m'égare. Ne sois pas inquiète.

Soudain, les voix s'approchent suffisamment pour que Baptiste et moi puissions les discerner avec nos oreilles « ordinaires ». Nous décampons, chacun dans la direction indiquée par Cléo.

Chapitre 6

Capturée !

Deux immenses mains s'abattent sur mes épaules. J'ai beau me débattre comme un diable dans l'eau bénite, rien n'y fait. Les doigts de mon assaillant sont un étau impitoyable.

— Lâchez-moi !

— Pas si vite, jeune demoiselle !

L'homme qui me tient entre ses grosses pattes

poilues me traîne vers la rue, là où l'automobile du maire Biron est garée. Ce dernier sort de son véhicule (qui n'a pas de portières ni de toit). Il mâchouille un cure-dents qu'il fait voyager d'un côté à l'autre de sa bouche, les yeux plissés. À sa suite, une femme descend du siège du passager. Je la reconnaîtrais entre mille. C'est la méchante arrière-arrière-arrière (je ne sais pas combien de fois arrière) -grand-tante de Baptiste.

— C'est bien elle, affirme-t-elle en me dévisageant intensément. C'est la petite qui était avec les deux vauriens.

— Ce n'est pas moi ! De quoi parlez-vous ? dis-je.

Feindre de ne pas connaître Cléo m'apparaît

la meilleure façon de les convaincre de me libérer.

— Es-tu sûre, Malvina? demande le maire Biron.

— Oh, oui! Plus que sûre. Et les deux autres garnements, où sont-ils?

— Ils ne doivent pas être très loin, suppose l'homme qui me tient encore par les épaules.

J'hésite entre crier très fort pour avertir mes amis de s'éloigner ou me taire. Je choisis de garder le silence parce que je crains que Baptiste soit du genre à tenter de venir me sauver. S'il faisait cela, il serait capturé lui aussi, et je veux le protéger.

Quelques minutes plus tard, lorsque je suis convaincue que mes amis sont suffisamment loin, je ne peux plus me taire :

— Ils sont partis, et vous ne les retrouverez jamais ! dis-je avec conviction.

Le maire émet un rire cruel. Avec son cure-dents qui danse entre ses lèvres, son ventre proéminent et la chaînette de sa montre qui sort de sa poche de veston, on dirait un personnage de bande dessinée.

— Gérald, mets-la sur la banquette arrière de ma voiture. Nous allons l'interroger. Elle ne pourra rien nous cacher.

La cuisine de la maison des Biron a beaucoup changé en un siècle. De mémoire, les murs en lattes de bois et les moulures des cadres de porte sont restés intacts, mais c'est à peu près tout. Ce qui me frappe, c'est la photo exposée dans le couloir. On y voit un groupe d'orphelins, avec Malvina et Cléo. C'est fou d'imaginer que cette photo soit passée de génération en génération de Biron et existe encore dans plus de cent ans ! En plus, je crois que c'est le même cadre de bois.

Gérald, l'homme qui m'a attrapée, me tient encore par le bras. On dirait que je suis une criminelle qu'on amène au poste de police. C'est presque le cas, en fait. Monsieur Biron tire une chaise de sous la table de la cuisine et Gérald me force à m'y asseoir sans ménagement.

— Alors, jeune fille, quel est ton prénom ? demande l'aïeul de Baptiste.

— Elle s'appelle Zoélie.

C'est Malvina qui vient de répondre à ma place. Comment connaît-elle mon prénom ? Sûrement à cause de la chauve-souris qui partage maintenant avec elle son corps et ses pensées...

mais ce n'est qu'une supposition.

Dans la voiture, elle était assise devant et m'avait ignorée durant tout le trajet. Voilà que ses yeux noirs sont fixés sur moi. Elle cache son bras sous un châle habilement placé. Je me demande si la bestiole y est encore… Sûrement, sinon pourquoi se donner la peine de la camoufler ?

— Gustave, Gérald, laissez-nous seules, je vous prie. Zoélie et moi avons quelques mots à échanger en privé.

— Très bien ! Gérald, tu surveilles la porte d'entrée et moi, celle du côté de la maison. Ainsi, la petite vaurienne ne pourra pas s'évader !

Une fois les deux hommes sortis de la cuisine, je me

laisse choir contre le dossier de la chaise de bois. La grande et mince Malvina, vêtue de noir et portant un chignon sévère, fait les cent pas devant moi.

— Alors, j'imagine que tu cherches à retourner d'où tu viens ? me demande-t-elle sans perdre de temps.

— Vous savez... d'où je viens ?

Maintenant qu'elle me parle comme si elle connaissait ma vie, je me doute bien qu'elle possède tous les souvenirs et les connaissances de la malvina d'Afrique (ha ! ha ! c'est plus drôle de l'appeler ainsi !) qui est greffée à sa peau, mais autant vérifier si mon hypothèse est vraie. Juste au cas où elle ne saurait pas tout, je ne précise pas que je viens d'un autre millénaire.

— Évidemment, jette-t-elle d'un ton impatient. Et je sais que tu sais que la chauve-souris, c'était moi. Je vous ai entendus en discuter à plusieurs reprises. Bref, je n'ai pas à t'expliquer quoi que ce soit. Mais toi, par contre, si tu ne veux pas finir à l'école de réforme jusqu'à ta majorité, tu vas répondre à toutes mes questions !

Je me tais et regarde vers la fenêtre. Je ne peux m'empêcher de me demander si Cléo et Baptiste savent où je suis et s'ils ont discrètement changé de trajectoire et suivi la voiture du maire après qu'il m'a forcée à y monter. Cléo court désormais assez rapidement pour suivre une voiture de

1903 (ça ne va pas très vite pour un véhicule motorisé).

— Cesse de regarder dehors ! s'écrie Malvina en frappant la table de son poing.

Je la dévisage sans sourire. Mon cœur bat à tout rompre, mais je suis déterminée à ne pas lui montrer mes émotions.

— Posez vos questions, madame.

Mon ton est calme, mais se veut plus sarcastique que poli.

— Où sont les deux garçons ? demande-t-elle.

— Je ne le sais pas.

— Tu mens ! hurle-t-elle.

Préférant la laisser parler et ainsi éviter de lui fournir

des informations par mégarde, je m'abstiens de répondre à son commentaire. La femme vêtue de noir se plante devant moi, les deux mains sur la table. Quelque chose bouge sous son châle, mais très vite, je regarde ailleurs. Une bestiole attachée à un humain, c'est un peu dégueu. Je préfère faire comme si je ne savais pas ce qu'elle cache.

— Si tu me livres Cléo, je vais vous dévoiler, à Baptiste et à toi, comment repartir vers le futur.

— Vers le futur ? Wow ! Vous avez une imagination débordante !

Je prends un ton émerveillé et je sais que je lui tape royalement sur les nerfs en jouant la fille qui ne sait rien. Pourquoi ne pas me faire un peu plaisir ? Malvina Biron ne mérite pas qu'on coopère avec elle.

Les narines de Malvina palpitent et les traits de son visage se durcissent. Oh ! Oh ! Oh ! Elle n'est pas contente... TANT PIS !

— Zoélie, ne me provoque pas et ne joue pas l'innocente, dit-elle en relevant son châle pour dévoiler la chauve-souris.

Je feins un mouvement de recul, comme si c'était la première fois que je voyais la petite bête.

— Aïe ! Vous... vous... avez un animal... comme... cousu sur vous !

Un sourire tendu tord le visage de Malvina. Elle semble très contractée.

On dirait qu'elle évite de regarder son excroissance.

— Ne fais pas la sotte. Tu sais très bien qu'il s'agit de mon fantôme du futur... J'ai appris tout ce qui s'est passé grâce à lui. C'est vraiment fascinant. Au début, je pensais que je rêvais, mais très vite, j'ai compris l'information qu'elle me transmettait grâce à la fusion de nos esprits. Entre autres choses, Baptiste a exigé une vengeance à ton égard quand il a réveillé mon esprit. Pauvre toi. Une si gentille fille... Mais je n'ai pas le choix, je dois répondre à sa demande, c'est la règle.

Ses mots sont teintés d'un ton cruel. Elle prend plaisir à me tourmenter, c'est clair.

— Baptiste n'était pas sérieux. Il ne veut pas de

vengeance contre moi. Il disait n'importe quoi, il ne savait même pas que les revenants existent.

— Tu avoues donc venir du futur !

— Évidemment, puisque vous le savez déjà. Pourquoi détestez-vous Cléo à ce point ? Vous l'avez... tué !

Malvina hausse les sourcils, surprise par mon accusation.

— Je n'ai pas tué Cléopold !

— Le pain que vous avez empoisonné, il l'a mangé et il en est mort !

— Mais... Zoélie !

— Puisque vous possédez les souvenirs de la chauve-souris, vous savez très bien que Cléo serait déjà mort si je ne lui avais pas sauvé la vie en revenant dans le passé quelques jours avant son décès. J'ai connu son fantôme à la suite de l'empoisonnement que vous avez provoqué. On appelle ça un meurtre et vous devriez être en prison !

Tout à coup consciente que je parle trop et que cette femme peut me briser en mille miettes grâce à tous ces hommes qui obéissent aux ordres du maire, je me tais. Mes mains tremblent et ma respiration est saccadée. Crotte de paresseux, Malvina verra trop facilement mon trouble. Il faut que je paraisse forte.

Je suis surprise de voir son visage changer d'air. Ses yeux sont aussi ronds que des billes, comme si je venais de lui annoncer une nouvelle incroyable.

— Zoélie, je t'assure que je n'ai pas empoisonné ce pain dont tu parles !

Quoi ?!

Chapitre 7

Nouvelle réalité

— Quoi ? Vous… vous mentez !

Malvina secoue la tête. Toutes mes certitudes concernant la mort de Cléo sont sur le point de s'effondrer.

— Le pain était toxique, ça, c'est vrai, admet-elle. Mais ce que Cléo n'a jamais su, parce qu'il s'est enfui et n'a mangé le pain que plusieurs jours plus tard, c'est que tous les enfants y compris moi et la cuisinière de l'orphelinat avons été malades. Certains plus que d'autres. Nous avons perdu un autre enfant à cause de ce pain. Le docteur a dit que les miches du jour avaient probablement été en contact

avec du poulet cru, ce qui est dangereux à cause des microbes qui se propagent, surtout avec la chaleur de l'été. La cuisinière était inexpérimentée. Elle ne savait pas ce genre de choses, et moi non plus.

— Alors, c'était peut-être la salmonelle ! Justement, ma mère n'arrête pas de me dire de ne pas toucher au poulet cru sans me laver les mains avant et après.

— Cléo t'a vraiment dit que je l'avais tué ? demande Malvina d'un ton sévère.

Je hoche la tête vivement.

— Il en est convaincu. Selon ce que j'ai pu comprendre de ses histoires, vous le maltraitiez, dis-je d'une voix accusatrice.

— Je n'ai rien infligé à Cléopold qu'il n'ait pas mérité. Ton ami est un vilain garçon et il s'arrangeait pour rendre ma vie infernale. J'avais un travail à accomplir : celui d'éduquer des orphelins. Cléo était l'aîné du groupe, il aurait dû servir d'exemple aux plus petits. Malheureusement, c'était tout le contraire. Tu crois qu'il est un ange ? Eh bien, non ! Cléopold Lalonde cherchait à semer la pagaille tous les jours que le Bon Dieu amenait. Quand il est finalement parti, ce fut un soulagement pour l'orphelinat entier.

Un silence s'abat sur la pièce. Les paroles de Malvina ne sont pas si insensées, maintenant que je sais que Cléo a accompli plusieurs méfaits au village. Contrairement à ce que je croyais, il est loin d'être un enfant sage, ça, c'est sûr. Quand je l'ai connu, il ne m'a pas donné l'impression d'être un petit voyou. Je suppose que tout est une question de perspective. Selon lui, il n'a sûrement jamais rien fait de mal, et je n'ai jamais eu un autre point de vue que celui de Cléo... jusqu'à maintenant. Cela dit, malgré tout ce que Malvina me raconte, Cléo est et sera éternellement mon ami. Rien ne changera ça. Personne n'est parfait.

Toujours avec son air austère, Malvina s'assied devant moi, de l'autre côté de la table. Sans un mot, elle concentre son attention sur son bras. L'observant de près pour la première fois, je constate que la tête de la chauve-souris n'est pas entièrement encastrée dans sa chair. Elle peut même tourner son petit cou et lever ses yeux rouges qui s'animent et se mettent à briller lorsqu'ils se posent sur moi. Elle est vraiment abjecte, cette bestiole. Je me demande ce qu'elle est en train de communiquer par télépathie à Malvina. La dame caresse encore la tête de sa chauve-souris, perdue dans ses pensées. Ce moment d'accalmie me paraît parfait pour me défiler.

Impatiente de partir au plus vite, je me racle la gorge.

— Bien ! Je crois que nous avons clarifié des choses importantes, alors je n'ai plus rien à faire ici, dis-je en me levant pour marcher vers la porte.

Durant quelques secondes, Malvina ignore ma tentative de fuite et j'ai presque espoir de réussir à m'esquiver, mais je me rends vite compte que c'est perdu d'avance.

— Pas si vite, jeune fille. Ne me prends pas pour une idiote.

Je m'arrête dans mon élan et retiens mon souffle. Que fera-t-elle de moi ?

— Je ne vous prends pas pour une idiote, dis-je en me forçant pour adopter un ton aussi doux que possible.

D'ailleurs, vous avez mentionné que vous savez comment je pourrais retourner dans le futur. Ça vous dirait de partager cette information ?

Toujours assise à table, Malvina éclate de rire.

— Ton humour va me manquer, chère Zoélie.

— Alors, vous me laissez partir ?

— Bien sûr que non. Je voulais dire que ton humour me manquera quand tu seras à l'école de réforme, finit-elle par compléter. Tu n'auras plus le temps ni l'énergie de dire des âneries.

— Quoi ? Mais vous savez que tout ça n'est qu'un malentendu ! Je n'ai rien fait pour mériter d'aller à l'école de réforme !

— Malheureusement pour toi, il y a cette vengeance que je dois exercer. T'envoyer là-bas est la meilleure solution !

— Vous n'êtes pas obligée d'accomplir cette vengeance ! Baptiste n'était pas sérieux ! Il ne SAVAIT PAS !

— Oui, je le suis. Parce que ma chauve-souris souffre beaucoup du fait que sa mission tarde à se réaliser.

Je ressens sa douleur et je l'entends me répéter qu'il faut agir contre toi. Sans le savoir, ton ami Baptiste a fait une bien grave erreur lorsqu'il m'a demandé de te faire du mal.

Ses paroles me donnent froid dans le dos. Je dois sortir d'ici à tout prix ! Sans attendre, je m'élance vers la porte, mais la poignée refuse de tourner.

— Abandonne l'idée de me fuir, Zoélie. Les deux portes sont gardées par des hommes qui font trois fois ton poids. Ton séjour à l'école de réforme sera ton châtiment. Tu pourras remercier Baptiste pour ça... si tu le revois un jour.

Découragée, je retourne à ma chaise et m'y laisse tomber, les bras ballants de chaque côté de mon corps.

Ainsi, si je comprends bien
ce que Malvina m'explique,
je suis vraiment cuite.

Chapitre 8

En route vers l'enfer

Sans même pouvoir dire au revoir à mes amis, je suis conduite à l'école de réforme dans la voiture de monsieur Biron. Cette bagnole, en plus de n'avoir ni portières ni toit, ne semble pas posséder un moteur très performant ; même si on est sur la grande route, j'ai l'impression qu'on roule à la même vitesse que dans une zone scolaire. Le maire a dû tourner une espèce de manivelle au moins trois fois pour qu'elle démarre. Disons qu'on est loin de la Mazda de mon père.

Pour que je ne m'enfuie pas, je suis escortée par deux hommes, en plus de Malvina : Gérald, celui qui m'a capturée, et un autre. Il s'appelle Hector. Il a les cheveux roux et d'énormes bras qui semblent capables d'abattre un arbre.

— Êtes-vous un bûcheron ?

La question est sortie de ma bouche toute seule et je suis surprise de le voir sourire avec une gaieté inappropriée pour la situation dans laquelle il se trouve, c'est-à-dire en train d'emmener de force une enfant à l'école de réforme.

— Plus maintenant, mais je l'ai été longtemps. Elle a du flair, cette petite, hein, Gérald ?

Ce dernier hoche la tête sans répondre.

— Est-ce que tu peux deviner le métier de Gérald ?

me demande Hector, visiblement amusé.

— Euh… je ne sais pas… bourreau pour la reine d'Angleterre ?

— Ha ! Ha ! Ha ! fait Gérald de sa grosse voix. Tu es très drôle ! Tu dois venir d'un endroit où les nouvelles ne se rendent pas vite : ça fait deux ans que la reine Victoria est décédée. C'est son fils qui est roi, maintenant.

— Aaah..., dis-je pour moi-même. C'est vrai, la reine Elizabeth II n'est pas encore née...

— Qu'est-ce que tu baragouines ? demande Hector.

— Rien... Il s'appelle comment, le roi d'Angleterre, par les temps qui courent ?

— Par les temps qui courent ? Elle est étrange, ta question ! Il s'appelle Édouard VII, répond Gérald d'un ton agacé. Hector, nous ne sommes pas là pour divertir la prisonnière.

Prisonnière. Le mot me frappe comme un coup de fouet. C'est exactement ce que je suis pour eux. C'est sérieux ! Il faut que je communique avec Cléo.

TEST, TEST... UN, DEUX, TEST... (MOI)

BIEN REÇU! OÙ ES-TU? (CLÉO)

DANS LA VOITURE DU MAIRE, EN CHEMIN POUR L'ÉCOLE DE RÉFORME! (MOI)

OH, NON! ZOÉLIE! C'EST TERRIBLE! IL FAUT QUE JE TE SORTE DE LÀ! PORTE ATTENTION AUX ENVIRONS

POUR POUVOIR M'INDIQUER OÙ C'EST. (CLÉO)

CROTTE DE PORC-ÉPIC, ÇA FAIT DÉJÀ UNE DEMI-HEURE QUE NOUS ROULONS ET JE N'AI RIEN REMARQUÉ ! IL N'Y A QUE DES CHAMPS. (MOI)

D'ACCORD, PAS DE PANIQUE. NOUS ALLONS TROUVER UNE FAÇON DE TE SAUVER. (CLÉO)

ES-TU AVEC BAPTISTE ?

(MOI)

OUI, IL EST AVEC MOI.

(CLÉO)

Chapitre 9

Mon nouveau chez-moi

Le gardien de l'école nous accueille, Malvina et moi, avec un sourire édenté. Il est âgé, porte une moustache blanche et n'a presque plus de cheveux. Il est vêtu d'un uniforme gris qui semble avoir été raccommodé à plusieurs reprises et tient un bâton de bois dans sa main. Est-ce qu'il sert à frapper les enfants qui tentent de s'enfuir ? Ça m'en a tout l'air.

La cour de cet établissement vétuste (on dirait que le toit s'effondrera bientôt s'il n'est pas réparé) ne ressemble en rien à celle de mon école. Il n'y a pas de balançoires ni de structures de jeux pour grimper. Le sol n'est même pas asphalté.

Près du haut mur de bois qui entoure l'aire de vie, trois garçons de mon âge se disputent un objet que je ne peux pas distinguer. Probablement un ballon. Les autres jeunes marchent en paires ou en trios et discutent à voix basse pendant que des frères vêtus de longues soutanes noires munies d'un col blanc effectuent la surveillance avec un œil de lynx.

— C'est la récréation des garçons, nous annonce l'homme. Les filles sont de l'autre côté de la bâtisse.

Ça me rappelle les histoires que ma grand-mère me racontait. Dans son temps, les garçons et les filles n'allaient pas dans les mêmes écoles, à part dans les campagnes isolées où les rares élèves de la région n'étaient pas assez nombreux pour remplir une classe. Je ne suis donc pas surprise d'apprendre qu'on a séparé les garçons des filles ici aussi.

— Bien, dit Malvina, nous irons de l'autre côté.

Le vieillard acquiesce d'un signe de tête et dévisage

Malvina comme s'il la reconnaissait.

— Êtes-vous celle qui est passée hier pour le poste de directrice de l'école ? Ils désespèrent de trouver un remplaçant à notre ami le frère René. Son décès fut si soudain !

— C'est bien moi. Je m'appelle Malvina Biron, l'informe-t-elle.

À cette nouvelle, je me fige comme une statue.

— Vous allez travailler ici ?

— N'est-ce pas parfait ? demande Malvina avec un sourire sarcastique. Nous pourrons apprendre à mieux nous connaître et je pourrai vous tenir à l'œil, toi et tes amis... s'ils trouvent le courage de venir te voir, bien sûr.

Le gardien s'incline et nous indique de le suivre.

— Par ici, nous guide-t-il en marchant devant nous.

Le bâtiment est tout en bois et dépourvu de peinture. On pourrait croire qu'il s'agit d'une vieille grange si ce n'était les multiples fenêtres sur les trois étages. À l'intérieur, je vois les filles alignées l'une derrière l'autre dans le grand couloir. Elles sont toutes vêtues de robes grises qui n'ont pas l'air d'être fraîchement sorties d'une boutique de mode. Une religieuse, très âgée si je me fie à la courbure sévère de son dos et à la peau ratatinée de son visage maigre, s'approche. Malvina se place derrière moi et me serre les épaules si fort qu'il m'est impossible de bouger.

Pourquoi se donne-t-elle la peine de me retenir ? Même si j'essayais de m'enfuir, nous sommes à des kilomètres de toute civilisation. Ce serait une tentative inutile et je le sais.

— Ma sœur, voici Zoélie. Cette gamine est orpheline, et son comportement nécessite une supervision adéquate. Je l'ai donc amenée ici dans l'espoir que nous puissions nous en occuper, dit-elle d'une voix suave qui ne lui ressemble pas. Elle est complice de plusieurs méfaits. Il faudra la faire travailler dur pour la dompter.

Son regard sévère dirigé vers moi, la vieille religieuse claque des doigts et une de ses consœurs apparaît, celle-là beaucoup plus jeune. Elle a un joli minois et des yeux bleus comme le ciel. J'aurais aimé voir ses cheveux, mais avec sa grande coiffe noire qui lui descend dans le dos, c'est impossible.

— Sœur Rachel, nous avons une nouvelle. Procurez-lui des vêtements appropriés, je vous prie. Vous brûlerez ce qu'elle porte présentement, ajoute-t-elle avec une moue dégoûtée.

La vieille sœur pose ses yeux sur Malvina et sursaute, comme si elle venait de comprendre quelque chose d'important.

— Mademoiselle Biron ! Je ne vous avais pas reconnue. Je ne vous attendais pas aujourd'hui. Vous entrez dans vos fonctions plus tôt que prévu ?

— Oui. Je suis prête à prendre mon poste de directrice dès aujourd'hui, confirme Malvina sans desserrer sa poigne.

— C'est parfait. Laissez l'enfant à sœur Rachel et venez avec moi.

Je suis soulagée quand l'étau des doigts de Malvina se relâche. La jeune religieuse claque des doigts à son tour pour m'ordonner de la suivre. Comme je n'ai pas envie de m'attirer d'ennuis dès les cinq premières minutes de ma présence ici, je lui emboîte le pas sans attendre.

Le bruit de mes semelles sur le plancher dur du long couloir sombre me donne des frissons. Est-ce vraiment mon nouveau chez-moi ?

Je dois trouver une façon de sortir d'ici, et vite.

Chapitre 10

Adieu l'intimité

Une fille d'environ treize ans à l'air renfrogné et à la carrure d'ogre me bloque le passage. Tout ce que je veux, c'est aller à la fenêtre voir si Cléo et Baptiste ne seraient pas dans les parages. C'est improbable, mais pas impossible. Maintenant que

Cléo possède des facultés surhumaines, plus rien ne peut me surprendre. Je ne peux pas m'empêcher d'espérer.

Ma première nuit ici a été difficile. J'ai à peine dormi. J'ai tenté à plusieurs reprises de joindre Cléo par télépathie, mais ça n'a pas fonctionné. J'ai passé des heures à me demander si quelque chose bloquait notre communication ou s'il était simplement trop loin pour que la connexion entre nos pensées puisse se faire. J'ai même songé qu'il pourrait lui être arrivé un accident. Peut-être est-il inconscient dans la forêt ? Ou pire, serait-il possible que Baptiste et lui aient profité de l'absence de Malvina et du maire pour retourner chez Ange, qu'ils aient accidentellement trouvé LA façon de passer la porte magique et qu'ils soient retournés dans le futur sans moi ? Toutes ces hypothèses me hantent encore ce matin.

Je ne croyais pas qu'un jour j'allais m'ennuyer autant des ronflements de Baptiste et de Cléo. Au moins, entourée de mes deux amis, je me sentais en sécurité. Ici, je suis laissée à moi-même au milieu de ces étrangères d'une époque qui n'est pas la mienne. Les pensionnaires de ce dortoir ne sont pas très joyeuses, surtout celle-ci, la grande armoire à glace prénommée Berthe. Elle m'a prise en grippe dès qu'elle a posé son regard sur moi. Berthe Gélinas semble avoir décidé que mon arrivée dans « son » dortoir ne fait pas son affaire.

À la seconde où sœur Rachel quitte la pièce, la grande et imposante Berthe se place devant moi, les deux poings sur les hanches, ses sourcils bruns froncés. J'ai envie de lui dire qu'elle aura des rides très jeune si elle a trop souvent cette expression-là, mais je me retiens juste à temps. Pourquoi m'attirer encore plus d'ennuis ?

— Tu viens d'où ? me demande-t-elle après avoir scruté mes bottines avec attention.

— Un village à deux heures d'ici.

Ma voix tremble lorsque je prononce ma réponse.

— Tes bottines sont bizarres, dit-elle.

Pas plus que ta face !

Je ne dis pas ça tout haut, évidemment.

Au sourire cruel qu'elle esquisse, je devine que mon apparente nervosité lui plaît. Si bien qu'elle se lèche les babines comme une tigresse devant une pauvre gazelle dont le temps est compté. Une autre fille, celle-là prénommée Séphorine, s'approche.

— Berthe, laisse la nouvelle tranquille. Il faut vider les seaux et aller chercher de l'eau au puits pour se laver. Aujourd'hui, tu es de corvée pour épousseter la chapelle. Moi, je dois récurer les planchers du dortoir. Les autres sont à la lessive des draps et des linges de cuisine.

— Et moi, je coupe des oignons, aujourd'hui,

intervient une autre fille. C'est quoi ton nom, déjà ? me demande-t-elle en s'essuyant le nez du revers de la main.

— Zoélie Lalonde.

— Moi, c'est Laurendine, dit-elle en me tendant la main même avec laquelle elle vient d'essuyer la morve qui lui sortait du nez.

Malgré mon dégoût, j'accepte sa poignée de main

en me jurant de me savonner les doigts avec ardeur dès que l'occasion se présentera. Laurendine me paraît sympathique et, pour être honnête, j'ai besoin d'une alliée.

— Enchantée, Laurendine. J'ai une question…

Mon problème est un peu gênant, alors je parle à voix basse. Laurendine est vive d'esprit, elle comprend rapidement et me guide à l'écart des autres filles.

— Où sont les toilettes ?

Elle arque un sourcil.

— Tu veux faire ta toilette ? Nous allons pomper l'eau du puits, justement, pour remplir les bassines. Tu pourras te laver le visage.

— En fait, c'est que, j'ai besoin de… tu sais…

— Ah ! T’as envie de pipi ?

J’acquiesce d’un signe de tête. Je suis à la veille de danser sur place tellement j’ai peur que ma vessie explose. Laurendine se penche et saisit un seau de métal.

— Tiens.

Je regarde le seau, puis Laurendine, puis le seau,

puis Laurendine, les yeux ronds.

— Est-ce qu'il y a une cabine pour un peu d'intimité ?

Elle secoue la tête.

— Non, tu fais là où tu es. Ne sois pas inquiète, ton « intimité » n'intéresse personne ici. Nous sommes toutes sur un pied d'égalité.

Ensuite, on va jeter ça dehors et aller au puits.

— Et après ?

Laurendine hausse les épaules.

— Tu vas soit couper des oignons, peler des carottes, brosser le plancher à quatre pattes ou quelque chose dans le genre. Sois la bienvenue à Saint-Bernard-des-Martyres.

Ici, chacun paye sa pitance en travaillant.

— Mais... avons-nous des cours, des enseignantes ?

— Des maîtresses d'école, tu veux dire ? Ce sont les sœurs qui nous font la classe. Mais là, c'est l'été, et comme nous sommes coincées ici, on nous montre à suer à grosses gouttes au lieu de faire des mauvais coups. As-tu d'autres questions ?

Je secoue la tête, à la fois fascinée et paniquée.

Chapitre 11

Mots d'un autre temps

J'ai été chanceuse. Sœur Rachel ne m'a pas mise à la corvée d'oignons ni de brossage de planchers. J'ai plutôt été affectée dehors, à la marmite de savon de pays. Heureusement, l'étape de broyer dix kilos de gras de bœuf est déjà faite et les autres ingrédients sont prêts. Tout ce que j'aurai à faire, et ce, pendant les longues heures qui viendront, c'est de touiller le mélange bouillonnant de gras et d'eau avec une longue palette de bois.

— Le gras vient de la ferme de monsieur Lanthier, m'explique Gervette, une fille de quinze ans au corps filiforme et aux cheveux presque noirs. Il nous en fait don chaque année, quand vient le temps de fabriquer notre savon.

Son nez trop long et ses dents proéminentes lui donnent une apparence très particulière. Bien qu'elle n'ait pas un joli visage, Gervette a tout de même quelque chose de beau : l'étincelle d'intelligence et d'empathie dans son regard. Je sens qu'elle a pitié de moi et qu'elle prend la peine de tout m'expliquer.

— Alors, je n'ai qu'à brasser la mixture et c'est tout ?

— C'est ça. Rien de compliqué, dit-elle.

— Et toi, tu vas faire quoi ?

— Moi, je vais te surveiller, soupire-t-elle.

— Je ne m'enfuirai pas, dis-je, surprise.

Gervette pointe la bâtisse de son pouce par-dessus son épaule.

— C'est un ordre de la nouvelle directrice. Je dois rester plantée ici, les deux bras croisés, et ne jamais te quitter des yeux, m'explique-t-elle.

La jeune fille ne semble pas être contente de s'être fait imposer cette tâche. Ça me rassure un peu. Avec le temps, peut-être se rangera-t-elle de mon côté et non de celui de Malvina, qui sait ?

— C'est inutile, Gervette. Je t'assure que tu peux t'asseoir sur le banc et lire un livre.

— Je ne sais même pas lire, marmonne-t-elle en haussant les épaules.

— Personne ne te l'a montré ?

— On n'est pas ici pour devenir des savantes, tu sais. On est ici pour devenir soit des sœurs, soit de bonnes travailleuses. Les plus chanceuses vont se trouver un bon mari.

— Mais t'as juste quinze ans !

— Ouais, et l'an prochain, j'en aurai seize. Ça sera parfait. Mais ça, c'est si je suis chanceuse, répète-t-elle. J'espère me trouver un fiancé docteur ou avocat, mais ça, ça ne court pas les rues par *icitte*.

— Surtout qu'il n'y a qu'une seule rue..., dis-je tout bas.

Il doit être près de midi, parce que le soleil est à son zénith. Il plombe si fort que je crains de devenir rouge comme une tomate. De plus, j'ai soif, j'ai faim et j'ai encore besoin d'utiliser le seau.

— J'ai besoin de crème solaire, d'un bon Pepsi et de toilettes qui ont de l'allure, dis-je pour moi-même en marmonnant. Un climatiseur non plus ne serait pas de refus... et une douche ! Une bonne Kit Kat, une poutine, un Mr. Freeze...

— Quoi ? Qu'est-ce que tu dis, Zoélie ? demande Gervette qui, debout à mes côtés, n'a pas quitté son poste depuis ce matin. C'est quoi, de la crème solaire ?

— Rien, dis-je en m'essuyant le front du revers de la main. Je rêvais tout haut.

Les effluves de la marmite ajoutent à la chaleur de cette journée caniculaire. Si j'avais su, j'aurais préféré éplucher des carottes.

Les jours suivants, la routine s'installe. Je travaille avec Gervette et Laurendine à cueillir la laitue et les carottes dans le grand jardin. Ce que je commence à comprendre, c'est que la petite communauté de l'école de réforme vit pratiquement en totale autarcie, c'est-à-dire qu'elle se suffit à elle-même. Il y a un grand jardin et nous avons quelques chèvres ainsi que des poules. Les enfants qui vivent ici apprennent à travailler dur.

Moi qui croyais qu'on nous enfermerait dans de petites prisons individuelles et qu'on nous taperait avec de grandes règles de bois, je me suis trompée. Bon, c'est vrai que si un pensionnaire ose mal agir, est impoli ou, pire, tente de s'enfuir, il reçoit des coups. J'ai entendu des cris pas plus tard que ce matin. Les autres filles ont continué leur besogne comme si de rien n'était.

Je compte les jours sur le mur à côté de mon lit, très

bas, près du plancher, pour qu'on ne découvre pas les marques que je fais avec un couteau que j'ai volé à la cuisine, un peu comme les prisonniers dans les films.

— Tu as un drôle de *parler*, remarque Gervette alors que nous transportons nos bassines pour la toilette du matin.

Ah, crotte de vache ! Même si je fais attention, j'ai de nouveau échappé quelques mots qui ne sont pas encore entrés dans l'usage à cette époque. J'ai aussi posé des questions que personne ne pouvait comprendre. Par exemple, sœur Thérèse m'a demandé d'aller chercher des œufs, hier matin. Au lieu d'aller voir dans le poulailler, j'ai demandé tout bonnement où était le réfrigérateur.

— Le quoi ? m'a-t-elle répondu.

— Ben, pour les œufs... Oh, crotte de poule ! Les réfrigérateurs n'existent pas encore !

Sœur Thérèse m'a grondée parce qu'elle croyait que je me moquais d'elle en inventant une histoire abracadabrante.

Avant-hier, j'ai fait une autre gaffe. J'ai demandé à Gervette des Kleenex parce

que j'avais besoin de me moucher.

— Des quoi ?

— Une boîte de mouchoirs en papier.

Ses yeux se sont agrandis.

— Des mouchoirs en papier ? Zoélie, tu es vraiment bizarre !

— Ne m'en parle pas, est intervenue Laurendine. Elle

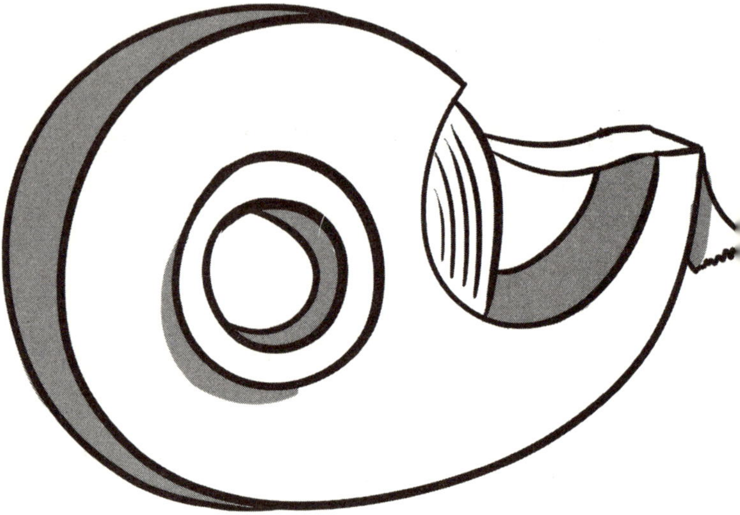

m'a demandé du *Scotch tape,* ce matin !

— Du quoi ? s'est exclamée Gervette.

— Du ruban adhésif, ai-je précisé. Il y en a en ville, ce n'est juste pas encore rendu ici.

Fiou ! Je m'en suis sortie plutôt facilement. En fait, je doute que le ruban adhésif existe déjà en 1903, même dans les plus grandes villes du monde. Il faudra que je vérifie sur Internet quand je serai de retour dans le futur.

— Hé, Zoélie ! Est-ce que tu m'écoutes ? fait Gervette avec impatience. J'ai dit que tu avais un drôle de *parler*...

— Excuse-moi, j'étais distraite. Oh, c'est possible... je sais que je suis bizarre. C'est à cause de mon imagination débordante. J'aime inventer des mots et des expressions !

— Aaaah, fait-elle en hochant la tête. Ça doit être ça…

Même si Gervette semble gober mes mensonges, sa façon de me dévisager m'indique qu'elle se doute que je lui cache quelque chose d'important. Je me sens très seule avec mon secret et j'ai vraiment envie de parler de ma situation à quelqu'un de confiance.

Gervette est l'espionne de Malvina, c'est vrai, mais malgré ce léger détail, j'ai la vive impression qu'elle ne rapporte pas tout à la directrice. Et même si elle le faisait, Malvina est déjà au courant que je viens du futur. Qu'est-ce que ça changerait que Gervette lui en parle ? Surtout que Malvina ferait partie des détails savoureux que je lui raconterais. Si

Malvina n'est pas contente que je trahisse son secret, alors tant pis ! Qu'elle me punisse si elle veut ! Au point où j'en suis, deux ou trois taloches en plus de toutes celles que j'ai déjà reçues depuis que je suis ici n'y changeront pas grand-chose. Décidée à agir, je regarde autour de nous pour m'assurer que nous sommes seules et je dépose mon seau près de mes pieds.

— Pourquoi tu t'arrêtes ? demande Gervette en m'imitant après quelques pas.

— J'ai quelque chose à te dire, mais avant, tu dois jurer de me croire et surtout, de ne pas le répéter, surtout à mademoiselle Biron.

— Mais je dois tout dire à la directrice… sinon je recevrai des coups de règle sur les mains !

Son menton tremble de peur. Crotte de monarque, avoir su que Gervette était si loyale à Malvina et si terrifiée de garder un secret, je n'aurais pas ouvert le sujet.

— OK, laisse faire, alors.

Sans un autre mot, j'empoigne de nouveau ma chaudière et je reprends mon chemin vers le dortoir.

— Non ! Zoélie, attends ! Je veux savoir, fait Gervette, le visage défait.

— Tu peux vraiment garder le secret ?

Elle hoche la tête, ses joues rosies par la nervosité.

— Tu le jures sur ta vie ?

Ses yeux s'agrandissent, sa bouche forme un « O » de surprise. De sa main droite, elle fait un signe de croix, touchant son front, son thorax, son épaule gauche, puis son épaule droite. J'ai remarqué qu'ils font souvent ce signe, en 1903. Surtout les religieuses.

— Oui...

— D’accord, dis-je en reposant mon seau.

Je saisis ses épaules et la regarde droit dans les yeux.

— Ne panique pas, mais, en réalité, je ne suis pas encore née…

Chapitre 12

Connexion fragile

Si je me fie aux traits que j'ai gravés dans le mur à côté de mon lit, ça fait deux semaines que je suis ici. Après avoir lavé les planchers à la brosse, fait la lessive à la main dans une cuve, brassé du savon de pays, épluché des carottes et patates jusqu'à m'en écorcher les doigts, utilisé un seau de métal pour me soulager et n'avoir pas pris de douches depuis que je suis en 1903, je commence à m'impatienter. C'est faux. Je ne commence PAS à m'impatienter. Je suis maintenant l'incarnation humaine de l'impatience.

La seule bonne chose dans toute cette aventure, c'est

que j'ai une nouvelle amie sincère en Gervette. Cette dernière m'a soutenue depuis mon arrivée. Une autre bonne nouvelle, c'est qu'il n'y a pas de barreaux aux fenêtres. Nul besoin de nous enfermer, l'endroit est si isolé qu'on se perdrait s'il nous prenait l'idée de fuir. Et pour aller où ? Autour de nous, il n'y a que des champs à perte de vue. J'ai rencontré le fameux fermier qui est notre seul voisin : on dirait un vieux grincheux qui n'aime pas les enfants. Jamais il ne sera une option pour un fuyard. De plus, il est de connivence avec les sœurs pour nous surveiller, m'a informée Laurendine. Donc, non, il ne sert à rien de tenter de fuir.

Gervette a écouté mon récit de A à Z. D'accord, au

début, elle ne me croyait pas du tout. Évidemment, j'aurais peut-être dû ne pas commencer en lui disant que, théoriquement, je n'existais pas encore ! Ça m'amusait de le lui annoncer ainsi. Juste pour voir son expression de surprise, ça valait le coup. Par la suite, je lui ai tout raconté en détail pour qu'elle puisse enfin croire l'incroyable. Je lui ai absolument tout dévoilé, même l'histoire de Malvina, de la chauve-souris, de Cléo-vivant, du fantôme, de Baptiste qui avait voulu me frotter le visage avec du papier sablé... Gervette est désormais informée de toute mon histoire incroyable. Maintenant, elle a si peur de Malvina qu'elle n'osera jamais lui répéter mes paroles !

— Ouf..., a-t-elle murmuré. Je comprends maintenant pourquoi tu disais des mots aussi bizarres. D’ailleurs, je voulais te demander... « OK », ça veut dire quoi, au juste ?

J’ai éclaté de rire à cette question.

Malvina se tient à l’écart depuis le début de ma captivité, donnant à Gervette le rôle ingrat de m'épier. C'est en vain, puisque ni Cléo ni Baptiste ne se sont manifestés et que, en plus, Gervette est devenue ma vraie amie. Ma première « meilleure amie » fille, à part ma cousine Zabeth. Ce n'est pas rien. Jamais je n'aurais cru la trouver dans un passé si lointain et, en outre, dans une école de réforme. La vie est bizarre, parfois.

Et puis, il m'est venu à l'idée que Malvina n'était peut-être pas la démone que Cléo m'avait décrite.

L'histoire du pain contaminé, et non empoisonné, m'a sérieusement mis la puce à l'oreille. Ma grand-mère m'a souvent dit que, parfois, les gens qui semblent méchants ne sont que des victimes de leurs erreurs de parcours. C'est peut-être le cas de Malvina. De plus, malgré ce qu'il a bien voulu me laisser croire, Cléo n'est pas un ange. Il n'est pas malintentionné, mais il n'est pas non plus un petit souffre-douleur sans défense.

Assise dans mon lit, j'essaie de joindre Cléo pour la cent millième fois.

CLÉOOOO! OÙ ES-TU?

ZOÉLIIIIIE! (CLÉO)

Est-ce que j'hallucine? Ai-je bien entendu sa voix dans ma tête ou l'ai-je encore imaginée ? Ça m'est arrivé plusieurs fois au cours des deux dernières semaines. Je parlais à Cléo et je m'inventais des réponses. Mais là, je ne pense pas que cette voix vienne de mon imagination désespérée !

CLÉO ! JE T'ENTENDS ! À L'AIDE ! (MOI)

JE NE PEUX PAS T'AIDER TOUT DE SUITE ! (CLÉO)

POURQUOI PAS ? (MOI)

PARCE QUE JE SUIS RETOURNÉ DANS LE FUTUR PAR ACCIDENT ! (CLÉO)

Mon cœur s'arrête. Ce n'est pas vrai ! Je suis en plein cauchemar, c'est sûr. Je me pince encore. Il me semble que je ne fais que ça, me pincer, depuis que je connais Cléo. Malheureusement, il semble que je sois bel et bien réveillée. J'ai tellement de questions à lui poser que mes pensées sont confuses. D'abord, le plus important :

EST-CE QUE BAPTISTE EST AVEC TOI DANS LE FUTUR ? (MOI)

OUI ! (CLÉO)

J'expire une longue bouffée d'air. Je ne sais pas si c'est une bonne ou une mauvaise nouvelle. C'est positif, parce que, d'un côté, si Cléo était revenu seul à mon époque, il se serait retrouvé sans ressources, sans parents, sans qui que ce soit pour le loger et le nourrir. Au moins, Baptiste peut s'occuper de lui. D'un autre côté, si Baptiste est parti avec lui, ça signifie que je suis seule ici, en 1903. J'ai soudain le vertige.

chapitre 12

EST-CE QUE VOUS ÊTES CAPABLES DE REVENIR ME CHERCHER ? (MOI)

On dirait que notre connexion est fragile. Je l'entends de très loin, comme s'il me parlait à travers un long tunnel. Ma dernière question est d'une importance capitale. Je dois connaître la réponse. Je suis dans tous mes états. La panique m'habite des orteils jusqu'à la pointe de mes cheveux.

AHHHHH! (CLÉO)

Ahhh ? Ça veut dire quoi ? Qu'ils ne peuvent pas revenir me chercher ?

VOUS NE POUVEZ PAS REVENIR ?

PEUX-TU AU MOINS ME DIRE DE QUELLE FAÇON

VOUS AVEZ RÉUSSI À VOUS PROPULSER DANS LE FUTUR ? (MOI)

IMPOSSIBLE... MALVINA... PORTE... ANGE... ADIEU... SOUCIS... (CLÉO)

CLÉO ! NON ! NE M'ABANDONNE PAS ICI ! IL FAUT TROUVER UN MOYEN ! IL Y A TOUJOURS UNE SOLUTION ! JE NE VEUX PAS RESTER ICI... PITIÉ... (MOI)

Je tombe de tout mon poids sur mon oreiller à l'odeur louche. Je m'ennuie tellement de mon propre lit, de mes draps roses, de mes oreillers propres. Tous les aspects de ma chambre me reviennent à l'esprit. Je ne l'appréciais vraiment pas à sa juste valeur. Maintenant que je l'ai perdue pour de bon, je ferais n'importe quoi pour y retourner.

Le cœur lourd, j'attends une réponse de Cléo, mais ma tête reste vide, comme s'il avait coupé le contact.

Il m'a dit adieu. Ça, je ne l'ai pas rêvé.

Je dois maintenant me rendre à l'évidence : je ne retournerai jamais à ma vie normale au 21e siècle. Je vais devoir trouver une façon de vivre ici, en 1903. Peut-être qu'Ange voudra m'adopter ? Elle était prête à le faire pour Cléo et je suis bien plus sage que lui. Pour cela, encore faudrait-il que Malvina accepte de me laisser partir de cette école de réforme. Ça, c'est loin d'être gagné d'avance.

Je combats l'abattement qui tente de s'emparer de moi. Je dois faire preuve de courage si je veux survivre ici sans devenir folle. Au moins, je suis contente pour mes amis. Ils sont sauvés.

Même si Cléo ne m'entend probablement plus étant donné la rupture de notre connexion, je tente une dernière fois de lui parler par télépathie.

TU PEUX UTILISER MA CHAMBRE POUR DORMIR. MA MÈRE NE S'EN RENDRA

JAMAIS COMPTE. T'AS QU'À PASSER PAR LA FENÊTRE, ELLE DONNE DERRIÈRE LA MAISON. AVEC TES NOUVELLES HABILETÉS, TU POURRAS GRIMPER FACILEMENT.

DIS À BAPTISTE DE DIRE À MA MÈRE QUE JE L'AIME...

(MOI)

Chapitre 13

Au pain sec et à l'eau

Gervette et moi sommes assignées à la cuisine, ce soir. Gervette coupe des oignons, moi, les carottes. Décidément, les légumes ne sont pas très variés ici. C'est pour la soupe de demain, paraît-il. Pour faire passer le temps, je chantonne une de mes chansons préférées de Félix Leclerc.

« C'est un petit bonheur, que j'avais ramassé, il était tout en pleurs, sur le bord d'un fossé. »

Cette chanson, déjà vieille à mon époque, ne sera écrite par le célèbre poète et chansonnier que dans environ cinquante ans. Très vite, Gervette en apprend les paroles par cœur et nous la chantons à qui mieux mieux. Lorsque Malvina passe près de nous, j'entends qu'elle aussi chantonne tout bas la mélodie amusante.

Malgré cette « presque » bonne entente avec Malvina et mon amitié grandissante pour Gervette, je me meurs de retrouver Baptiste et Cléo. Je m'inquiète aussi énormément pour ma mère.

Que se passe-t-il dans le futur alors que je croupis ici ? Est-ce que le temps continue d'avancer sans moi ? Ou est-il figé jusqu'à mon retour ? Voilà une question que j'aurais bien aimé poser à Cléo, la seule courte fois où nous avons pu communiquer par télépathie.

— Zoélie…, murmure Gervette d'un ton hésitant.

Je saute sur l'occasion — ayant terminé ma corvée de carottes — pour lâcher le poulet mort que je m'apprêtais à dévêtir de son beau plumage.

— Oui, Gervette ?

Elle se racle la gorge, laissant son couteau sur la table parmi les épluchures d'oignons.

— J'ai quelque chose à te demander.

— Vas-y.

— Si jamais tu retournes dans ton… euh… futur, est-ce que tu pourras m'emmener avec toi ?

Ses yeux m'implorent d'accepter, mais j'hésite. À l'instar de Cléo, Gervette n'aurait pas de maison ni de parents pour s'occuper d'elle.

Elle finirait dans une famille d'accueil et je ne la reverrais peut-être plus jamais.

— Je ne crois pas pouvoir rentrer chez moi de toute façon, ma pauvre Gervette.

— Mais si tu y arrives ? Tu sais, moi, ici, je ne suis pas promise à un bel avenir. Je ne suis pas jolie comme toi. Je vais finir vieille fille ou religieuse. Je veux vivre comme chez toi. Exactement comme tu m'as raconté...

Je soupire longuement. Gervette fait référence à ce que je lui ai relaté du futur : que les filles ne se marient pas aussi jeunes, et parfois pas du tout. Je l'ai informée qu'elles sont capables de vivre seules, d'avoir un chat et une voiture. Je lui ai dit qu'elles ne sont pas limitées à devenir mères d'une dizaine d'enfants ou sœurs dans un couvent. En écoutant mes explications, les yeux de Gervette ont brillé si intensément qu'ils ont failli m'aveugler. Façon de parler, bien sûr.

Comment lui refuser cet espoir ? Je ne le peux pas. Gervette ne sait peut-être pas lire, mais elle est vive d'esprit, gentille et efficace dans tout ce qu'elle fait.

Surtout, elle prend soin de moi depuis mon arrivée ici.

— Je ferai mon gros possible pour que tu puisses me suivre, mon amie, dis-je en souriant.

— Te suivre où ? fait une voix courroucée derrière nous.

Je ferme les yeux, expirant mon air, le cœur en vrille. Je ne vois pas Gervette, mais j'entends son petit cri de surprise. C'est Malvina qui est là. Depuis quand ? Difficile à dire... Apparemment, elle écoutait notre conversation.

— Nulle part, dis-je en ravalant difficilement ma salive.

— Regarde-moi, Zoélie Lalonde !

Je me retourne lentement, lançant à Gervette un petit sourire que je veux rassurant.

— Oui, Malvina ?

— C'est « mademoiselle Biron ». Comment oses-tu m'appeler par mon prénom ? demande-t-elle en levant le menton.

Crotte de pékan, j'oublie souvent qu'au début du siècle passé, les enfants vouvoyaient les adultes et n'utilisaient jamais leur prénom.

— Vous savez pourquoi j'ai tendance à vous tutoyer, mademoiselle Biron !

Malvina s'avance vers moi, son regard est noir de colère.

— N'en voulez pas à Zoélie, intervient Gervette d'une voix tremblotante. Tout est de ma faute !

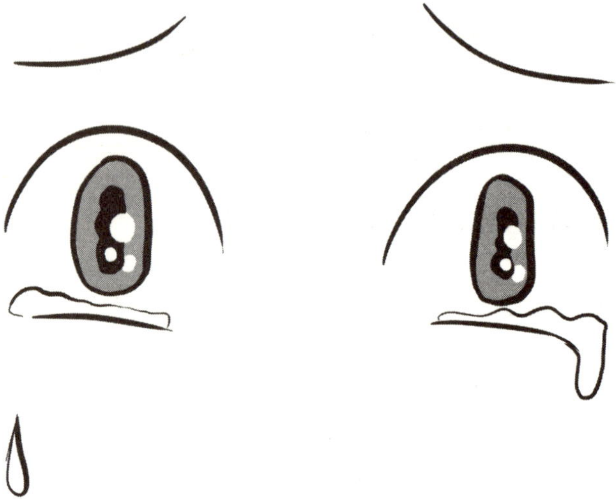

— Quoi ? Non ! Et de quoi tu parles ? Je n'ai pas été accusée de quoi que ce soit, que je sache ! dis-je.

— C'est de ma faute quand même, insiste Gervette en se plaçant entre Malvina et moi.

Malvina tend la main pour saisir l'épaule de mon amie. Incapable de la laisser malmener Gervette, je fais les trois pas qui me séparent d'elles et pousse Malvina de toutes mes forces.

Crotte de bison, ai-je commencé à avoir des pouvoirs surhumains, moi aussi ? Il me semble qu'elle percute le mur avec beaucoup plus de fracas que prévu. Non, ce n'est pas ma vigueur qui est en cause, c'est seulement que Malvina est de constitution plus délicate que je le croyais. On ne voit pas son extrême minceur dans cette robe noire aux maintes épaisseurs de jupons.

— Frère Gracien ! s'écrie Malvina. Frère Gracieeeeen ! À l'aide !

Crotte de sauterelle, nous sommes cuites. Frère Gracien est un colosse ! Selon les histoires qui circulent, du côté des garçons, il y a souvent des bagarres. Frère Gracien est appelé pour remettre de l'ordre parmi les contrevenants. Je ne l'ai vu que deux ou trois fois à travers la clôture qui nous sépare de la cour des garçons s'occuper de ceux qu'il trouvait trop tannants à son goût ; il les a pris par le fond de culotte et les a enfermés dans une pièce sombre. Il paraît que lorsqu'on est emprisonné là, on n'est nourri qu'au pain sec et à l'eau durant des jours. J'espère que ce ne sont que des ragots.

— Mademoiselle Biron, n'appelez pas frère Gracien, je vous en prie. Je n'ai pas voulu m'emporter. Je ne voulais que protéger mon amie. J'ai cru que vous alliez lui faire du mal.

— Tu lui as tout raconté ! m'accuse Malvina. Comment pourrais-je diriger un établissement comme celui-ci alors que de telles histoires circulent à mon sujet ?

Ce disant, elle pointe son bras recouvert de son éternel

châle, là où la chauve-souris semble commencer à s'agiter.

— Je ne dirai rien à qui que ce soit ! promet Gervette, les yeux pleins d'eau.

Malvina concentre toute sa colère sur la pauvre Gervette qui courbe l'échine devant elle.

— Tu avais l'ordre de tout me rapporter, grince-t-elle à Gervette. TOUT ! Tu as failli à mes ordres qui étaient pourtant clairs.

— Je suis désolée, bafouille Gervette. Zoélie est devenue mon amie et…

— … et maintenant, tu crois pouvoir la suivre dans le futur ? demande Malvina. Elle n'y retournera jamais !

Gervette devient blême. A-t-elle donc si peur de Malvina ? Non, ce n'est pas cette dernière qui rend son teint si blanc, c'est plutôt le géant vêtu de noir qui vient d'apparaître dans la cuisine. Frère Gracien doit se pencher pour passer les cadres de portes.

— Vous m'avez appelé, mademoiselle Biron ?

— Oui ! Prenez ces deux-là.

L'homme nous dévisage l'une et l'autre, ses gros

sourcils bruns froncés en un « V » sévère. Malvina n'a pas donné d'autres précisions au frère Armoire-à-Glace quant à la façon de nous punir. Je n'ose même pas imaginer ce qu'il pourrait nous faire. On dirait qu'il a faim et qu'il nous découperait bien en petits morceaux pour nous manger avec une sauce dijonnaise !

— Non ! s'écrie Gervette, ses mains levées devant elle. Nooooon !

Mais le religieux n'a que faire de ses cris. Il saisit mon amie et la balance par-dessus son épaule. Pendant qu'il est occupé à l'empêcher de se débattre, je n'hésite pas et je sprinte jusqu'à la porte. Malvina tente de m'arrêter, mais je la pousse de nouveau, maintenant certaine qu'elle n’est pas très solide. Elle me fait moins peur qu’avant.

Je me rue dans le corridor, qui me semble soudain plus long que d’habitude. Vers la gauche, il mène au dortoir et vers la droite, à une porte qui donne sur l’extérieur. Cette dernière est barrée la plupart du temps, mais, en une fraction de seconde, je décide de courir le risque qu’elle soit déverrouillée. C’est mon seul espoir. Évidemment, frère Gracien a déposé son fardeau pour s'élancer derrière moi. Heureusement, le gaillard est plus fort que rapide, et il tarde à me rejoindre malgré ses efforts. Je l'entends souffler comme un train à vapeur.

Un peu de cardio, frère Gracien ! Ha ! Ha !

La porte qui mène dehors s'approche, ou plutôt, c'est moi qui m'approche d'elle même si j'ai l'impression du contraire. Lorsque ma main atteint enfin la poignée, mon cœur s'emballe. Elle tourne sans résistance. Malgré ma liberté nouvelle, tout n'est pas encore gagné. Je dois courir encore et encore. Un champ de maïs s'étend devant moi et le soleil commence déjà à se coucher. Je me souviens que ma mère m'avait mise en garde contre ce genre de champ : on peut s'y perdre lorsque les épis sont plus hauts que notre tête. Tant mieux, j'ai besoin de devenir introuvable. Je serai prudente.

Personne ne m'enfermera dans une pièce sans fenêtre.

Chapitre 14

Égarée dans le blé d'Inde

Je suis perdue. Les tiges sont si hautes que je ne peux

pas voir l'école. Je m'étais promis de compter mes pas, mais dans mon emportement, j'ai fini par ne plus m'en soucier et par en perdre le compte. Si j'avais du pain, je pourrais faire comme le petit Poucet et laisser tomber des miettes derrière moi pour ensuite revenir sur mes traces. J'entends des voix au loin, mais elles sont diffuses et j'ai beau tenter de marcher vers elles, j'ai l'impression de m'enfoncer encore plus profondément dans un gouffre infini. De toute façon, si je reviens vers l'école, je serai jetée au cachot et affamée.

Découragée devant le manque de solutions qui s'offrent à moi, je m'assieds sur le sol terreux, ramenant mes genoux contre ma poitrine et plaquant mes paumes contre mes paupières humides de larmes.

CLÉO... JE SUIS PERDUE DANS LA PLANTATION DE MAÏS DE L'ÉCOLE SAINT-BERNARD-DES-MARTYRES... (MOI)

Ma pensée est plutôt comme une prière à un défunt qu'à mon ami mi-fantôme capable de me percevoir par télépathie. Au cas où il pourrait m'entendre, j'ai ajouté le nom de l'école. Comme je m'y attendais, aucune réponse ne me parvient.

Ce qui me paraît comme étant plusieurs heures plus tard, je crois rêver lorsqu'un vélo bleu d'un modèle provenant clairement du futur freine devant moi. Ce qui ne peut être autre chose que la lumière d'une lampe de poche m'aveugle.

— Cléo ! Je l'ai trouvée !

Des pas résonnent derrière le vélo.

— Zoélie ! Nous sommes là, dit Cléo. Merci d'avoir précisé le nom de l'école. Ça nous a pris un temps fou pour la localiser, mais nous voilà !

— Elle est à moitié endormie, fait la voix de Baptiste.

— Elle est morte de fatigue, la pauvre. Regarde sa robe en guenilles. On dirait qu'elle vit dans ce champ depuis des semaines.

Est-ce que c'est... Baptiste et Cléo ? Comment est-ce possible ? Cléo m'a dit qu'il ne pouvait pas venir me chercher !

— C'est nous, Zoélie, fait la voix familière et si rassurante de Cléo.

— C'est vous ? C'est vraiment vous, les garçons ? dis-je dans un sanglot d'émotions.

Le doute, l'angoisse, la surprise et enfin le soulagement forment un mélange explosif dans ma poitrine. Je ne peux pas retenir mes larmes. Elles coulent sur mes joues maculées de poussière et de sueur.

Une main saisit la mienne pour m'aider à me relever et je me retrouve dans les bras de Baptiste, puis de Cléo. Nous nous donnons un gros câlin à trois. Nous sommes enfin réunis.

— Ne pleure plus, Zoélie, dit Cléo. Nous sommes venus te chercher, tu vois ? Croyais-tu que nous t'avions laissée tomber ?

— Je pensais que vous ne pourriez plus jamais revenir ! Que la porte magique ne fonctionnait plus ou quelque chose comme ça !

— Tu étais introuvable ! Notre connexion par

télépathie était presque entièrement brouillée, j'avais du mal à comprendre tes mots, dit Cléo. Est-ce que tu vis dans ce champ depuis tout ce temps ?

Me détachant de mes amis, je réponds par la négative en secouant la tête.

— Non ! J'étais dans l'école de réforme à éplucher des carottes. Êtes-vous vraiment là, ou suis-je en train de rêver ?

Je sais que je radote, mais leur présence me semble si irréelle.

— Nous sommes vraiment avec toi, Zoélie.

— Comment est-ce possible ? Quand on a réussi à faire de la télépathie, tu m'as dit adieu, Cléo ! Tu m'as laissé entendre que tu ne pourrais jamais revenir !

Aux pieds de Cléo, je vois un objet familier !

— Hé, tu as un vélo du futur !

Illuminés par la seule lampe de poche, les deux garçons se regardent pour ensuite me faire un sourire amusé.

— Ouais ! Comme tu vois, nous avons réussi à revenir en 1903 ! Nous avons rapporté plein de choses que nous avons laissées chez Ange. D'ailleurs, elle nous attend avec mon iPad rempli de films que j'ai téléchargés.

J'ai même apporté une grosse pile de recharge. Il a fallu faire quelques allers-retours pour tout apporter, surtout qu'il fallait chercher sur Internet où se trouvait la vieille école de Saint-Bernard-des-Martyres, m'explique Baptiste.

Cléo incline la tête et me dévisage d'un air songeur.

— On dirait que tu n'as rien compris de ce que je t'ai dit par télépathie, l'autre jour !

J'essaie de réfléchir et de me souvenir de ce que j'ai compris.

— Tu as dit quelque chose comme : Impossible… Porte… Soucis… Adieu… Malvina…

Cléo éclate de rire.

— Ma pauvre Zoélie, ce n’est pas du tout ce que j’ai dit ! La connexion devait être faible et a dû se rompre pendant que je te parlais...

— Mais alors, qu’est-ce que tu m’as dit, ce jour-là ?

— J’ai dit quelque chose comme : « Adieu les soucis ! Il n’est pas impossible de traverser la porte plus d’une fois. Ange t’aidera. Je reviendrai te chercher. Tiens bon ! »

— Alors, tu... euh... tu es en train de me dire que nous avons désormais une espèce de pont entre 1903 et notre époque ? Qu'on peut vraiment aller et venir comme on veut ?

Même si c'est ce qu'il m'a expliqué il y a quelques

secondes, j'ai du mal à croire que j'ai bien compris.

— Oui ! m'informe Baptiste. N'est-ce pas génial ?

— Wow... Mais, les gars, il faut faire attention avec vos objets du futur et Cléo, avec tes nouvelles facultés. Les gens d'ici ne comprendront pas et nous ne voulons pas attirer leur attention !

— Bien entendu ! me rassure Baptiste.

— Allez, monte sur mon dos, dit Cléo, et allons chez Ange.

Je ne me fais pas prier. Quelques secondes plus tard, nous sommes en chemin vers la maison de notre amie. On dirait bien que les pouvoirs de Cléo ont continué d'évoluer au cours des deux dernières semaines. Il me porte comme si de rien n'était et court encore plus vite que Baptiste pédalant sur son vélo.

Déposant ma tête sur l'épaule de Cléo, je rêve de prendre une longue douche, de revêtir mon pyjama préféré et de dormir dans mon lit. Et je pense à Gervette.

Je reviendrai te chercher, ma très chère amie. Ce n'est qu'un au revoir.

À suivre...